Femmes russes

Femmes Russes

Récit historique

Thérèse Bentzon

Editions Le Mono

ISBN : 978-2-36659-655-7
EAN : 9782366596557

D'après ce que l'on sait des différences fondamentales qui existent entre deux pays situés aux antipodes pour ainsi dire l'un de l'autre, dans le domaine de la civilisation, celui-là étant le berceau de la liberté, celui-ci la forteresse de l'absolutisme, il peut sembler étrange que cette rêveuse et mystique Russie m'ait rappelé si souvent, au cours de mon récent voyage, la positive Amérique. C'est qu'elles ont en effet plus d'un trait en commun : d'abord toutes les deux représentent l'avenir, — déjà presque réalisé dans le présent aux Etats-Unis avec ses qualités bonnes et mauvaises ; en formation à peine ébauchée au contraire, mais d'autant plus grandiose là-bas, du côté de l'Orient, où l'aube moderne se lève incertaine, à travers les ténèbres héritées directement du moyen âge et les clartés étrangères empruntées à notre XVIIIe siècle. Considérées au point de vue physique, la Prairie et la Steppe sont sœurs. Sur d'immenses étendues absolument vides de détails, les chemins de fer en construction offrent les mêmes aspects de campement désordonné, précurseurs de l'irruption du progrès.

Dans plus d'une grande ville on retrouve le village primitif, la chaumière ou la cabane de bois brut subsistant encore près du palais, autour d'une université ou d'une école de technologie.

Socialement, certains contrastes s'affirment, cela va sans dire : l'aristocratie russe, toute hiérarchique, est autre chose qu'une aristocratie d'argent, si elle ne ressemble pourtant pas aux vieilles noblesses héréditaires du reste de l'Europe ; mais en revanche les marchands de Moscou valent presque en leurs libéralités les milliardaires américains et nulle part le culte du négoce dont le temple aux rites mieux réglés, mieux organisés sans doute, est à New-York, ne se manifeste avec plus de véhémente ferveur que dans la cohue cosmopolite d'une foire telle que celle de Nijni-Novgorod.

Si je voulais me faire l'écho de certains pronostics révolutionnaires sur la transformation future de l'empire des Tsars en une vaste fédération, apparemment justifiée par l'extraordinaire mosaïque de races, il me faudrait aussi imposer à ces symptômes, encore très vagues, de décentralisation et de démocratie, telles velléités, plus vagues encore, d'impérialisme qui se manifestent au sein de la grande république d'outre-mer ; et le parallèle, intéressant d'ailleurs, nous entraînerait trop loin. Mais je soulignerai pour finir un point de ressemblance, le plus frappant, de tous, peut-être.

Dans les deux pays, le mouvement féministe, très accentué, a le même caractère, c'est-à-dire qu'il n'implique aucun sentiment d'antagonisme ni de révolte contre le sexe fort, et cela par la bonne raison que l'homme en général, Américain ou Russe, favorise plutôt qu'il ne les contrarie, et en tout cas ne raille jamais cette soif de savoir, ce besoin effréné de culture, qui sévit chez l'« Eve nouvelle. » Il faut dire que l'égalité des sexes est reconnue par la loi au pays de l'absolutisme beaucoup plus qu'on ne le croit généralement, de grandes impératrices l'ayant gouverné d'une main ferme, et la femme de toute classe y possédant des privilèges inconnus chez nous, par exemple la libre disposition de ses biens qu'elle peut administrer à sa guise et sans contrôle.

Le mariage en Russie est une institution purement religieuse, un sacrement qui impose aux deux époux les mêmes devoirs et les mêmes responsabilités. Il n'est inscrit que sur le registre paroissial ; de l'église seule dépend sa consommation et au besoin sa dissolution. Mais en ce dernier cas le règlement des questions pécuniaires incombe bien entendu aux tribunaux qui les tranchent immanquablement d'une façon avantageuse pour la femme. Et dans le ménage le mieux uni, elle reste parfaitement libre d'allier ou non ses intérêts à ceux de son mari. Bien entendu il n'en fut pas toujours ainsi. La famille russe fut à l'origine organisée à peu près sur le modèle de la famille orientale et prisonnière de la rigueur des lois byzantines.

Jusqu'au XVIIIe siècle, la femme fut censée *craindre son mari* quoique ce fût souvent tout le contraire, comme nous le voyons dans les villages où est encore maintenue par tradition la vieille loi de coutume. Au Congrès International qui fut tenu à Londres en 1899, une déléguée russe, Mme Maria Boubnoff, a donné de curieux détails sur la situation légale des femmes de son pays. Elle nous a prouvé que la question de leurs droits fut agitée en Russie beaucoup plus tôt que dans les parties occidentales de l'Europe. Ces droits, Pierre le Grand les leur octroya. Les mains vigoureuses qui plantèrent, bâtirent, façonnèrent la Russie à l'européenne, signèrent aussi l'édit émancipateur qui défendait aux parents et aux maîtres de marier contre leur gré enfants et subordonnés.

Catherine fit beaucoup à son tour pour l'éducation des filles. En ce qui concerne les hautes études seulement, la femme russe de nos jours n'a pas les mêmes avantages que l'homme. Il faut toute l'ardeur et la ténacité de son vouloir pour arriver à une carrière. Mais sur d'autres points l'égalité est à peu près complète ; elle ne peut se plaindre que du genre d'oppression appliquée non moins également aux deux sexes. La femme propriétaire, fille ou veuve, a sa voix dans les assemblées du Zemstvo, avec cette unique restriction que son vote doit être déposé par un homme de sa parenté. Au village, dans l'assemblée communale dont tous les chefs de famille sont membres et où se discutent les questions d'intérêt local, les femmes sont autorisées par la mort ou l'absence de leur conjoint à se mêler aux délibérations.

Combien de fois ai-je remarqué, comme un fait symbolique, la ressemblance extérieure du paysan et de la paysanne russes ! A mesure surtout que l'hiver imposait à tous les deux les mêmes bottes, la même svietka fourrée, il devenait difficile de les reconnaître entre eux. Même démarche résolue, même aspect solide. L'été, ils prennent part indistinctement aux mêmes travaux agricoles ; l'hiver, ils participent aux mêmes industries. Et la même morale leur est appliquée.

En voici un exemple parmi beaucoup d'autres. Une jeune fille, placée comme servante, a mal tourné dans la grande ville ; elle revient à son village natal et confesse son péché aux anciens qui se rassemblent pour juger le cas. L'adoption de l'enfant est mise aux voix ; le petit sera élevé aux frais de la commune. De là le grand nombre d'enfants qui portent le nom de Miron, enfant du *mir*, quoique ce nom ne soit pas nécessairement donné à qui n'en possède pas d'autres. L'infanticide est très rare et considéré comme un crime abominable.

Ce qui est particulier, c'est en certaines circonstances l'interprétation très libre de la loi proprement dite quand il s'agit d'appliquer aux femmes la justice. Voici un fait qui m'a été conté au village. Une fille a été livrée par son père à un vieux mari qui l'a payée comme on paye une bête de somme. Sans cesse maltraitée, elle se laisse consoler par un galant qui bientôt après l'abandonne. Elle est grosse et confie sa détresse à une amie. Celle-ci mariée à un mari disparu, libre de ses actes par conséquent ou se croyant telle, assure à la coupable le moyen d'accoucher clandestinement et déclare l'enfant sous son propre nom. Cette déclaration a pour complice et pour témoin le parrain du petit, un voisin qui n'aura rien de plus pressé, craignant sans doute d'être pris dans cette mauvaise affaire, que d'aller la dénoncer. Les accusées comparaissent devant le tribunal ; il semble qu'une sévère condamnation doive être immanquablement prononcée contre elles deux. Bien loin de là ; elles sont acquittées : attendu que la première de ces deux femmes n'a pas cherché à mentir en imposant à son mari un enfant qui n'est pas de lui, et que la seconde a eu pitié d'une malheureuse, péchant surtout en cela par bonté ; que, d'autre part, on voit dans cette aventure un père qui trafique de sa fille, un mari qui l'épouse malgré elle et la brutalise ensuite, un séducteur qui abandonne sa victime et un ami traître, délateur par lâcheté, après avoir trempé dans la fraude. Au nom de la justice véritable, celle qui va au fond des intentions et qui tient compte de la nature, quels sont les plus coupables ? Les hommes, sans aucun doute.

Et cette indulgence pour les faiblesses du cœur ne se borne pas aux classes populaires. Il est vrai qu'un idéalisme dont nous ne pouvons nous faire aucune idée, car il est indépendant de toute morale, rend les liaisons amoureuses peu fréquentes dans de certaines sphères dites intellectuelles, où les jeunes gens des deux sexes sont en contact journalier. Une préoccupation plus forte encore que les entraînements naturels à leur âge, la poursuite absorbante de la science et de la liberté, les défend d'ordinaire. Mais quand il en est autrement, on n'y attache pas autant d'importance que dans les pays occidentaux.

Il semble curieux que ce peuple qui a vécu dans le si proche voisinage des Asiatiques, soit infiniment moins turc en ce qui concerne la femme que le peuple français par exemple. Les plus sévères ne méprisent dans l'amour illicite que la recherche du bonheur personnel, recherche qui leur paraît basse, comparée au service d'une grande cause, la cause du progrès.

Sans doute, me dit une jeune femme, nous ne concevons guère que notre vie puisse s'écouler sans amour. Mais ce n'est pas tout, ce n'est même pas le principal. Voyez les hommes : tant de choses pour eux passent avant l'amour ! Et c'est juste. D'abord, aimons l'humanité.

Elle se montrait clémente pour l'union libre, tout irréprochable qu'elle fût personnellement.

Sur beaucoup de points, l'abus des cigarettes compris, le puritanisme américain se trouverait en désaccord complet avec l'idéalisme russe, lequel n'admettrait pas davantage le flirt prétendu innocent, et en général la chasse au mari. En Russie les instincts naturels sont traités avec indulgence et la passion prise au sérieux.

Mais revenons à la question d'égalité. L'envie, la compétition hostile existe beaucoup moins qu'ailleurs entre travailleurs et travailleuses. Les ouvrières de fabrique reçoivent sans doute un salaire plus faible que celui de l'ouvrier, mais les hommes sont si mal payés eux-mêmes que la différence ne pourrait être considérable sous peine de produire zéro. Dans d'autres professions, postes, administrations, banques, le salaire est égal. Les hommes se plaignent un peu sous prétexte que leurs collègues en jupons s'acquittent moins bien qu'eux-mêmes de la besogne et qu'ils ont à les aider, mais ce n'est qu'un murmure inoffensif racheté par beaucoup de complaisance effective, car le tempérament russe est généreux, avec une forte dose d'altruisme qui tient sans doute à d'antiques traditions communistes, la commune, l'association ayant été la base primitive et fondamentale de cette société.

Entre ouvriers et ouvrières, entre employés des deux sexes, entre étudiants et étudiantes, une réelle camaraderie existe. Il serait possible sans doute de relever ici ou là des preuves de rivalité comme partout ; mais elles sont relativement rares et en tout cas très adoucies.

Je ne veux d'ailleurs parler, en ce qui concerne les femmes russes, que de ce que j'ai vu et recueilli personnellement, comme je l'ai fait autrefois pour les Américaines. Chacun de nous a le devoir, il me semble, de se servir de son expérience et de ses observations, en laissant à d'autres, peut-être plus complètement informés, le droit d'agir de même dans un sens différent. Nos dramaturges et nos romanciers ont suffisamment mis en scène l'extravagante aux nerfs détraqués, la Sphinge froidement perverse, cette femme deux fois femme, parée de toutes les séductions et capable de tous les crimes, qu'ils font toujours, avec plus ou moins de raison, quand elle n'est pas *Yankee, Slave* ou *Moscovite*. Je me bornerai à esquisser les figures beaucoup moins extraordinaires, qui ont traversé mon chemin, tout en connaissant par ouï-dire les *Dames aux Perles*. Mais les portraits de celles-là ont été peints par des maîtres ; il n'y a pas à y revenir. L'altruiste persévérante qui renonce à tous les biens de ce monde pour se consacrer corps et âme aux classes déshéritées, existe aussi, je l'ai fait voir. Et elle n'est pas unique, bien que les méthodes de celle-là soient à elle seule. Beaucoup d'autres s'efforcent à développer chez le paysan une habileté nouvelle dans les arts industriels nationaux, en organisant des comités à cet effet. Lors de notre Exposition de 1900, les noms de Mme Pavlov, de Mme Davilov étaient associés à de très intéressants ouvrages manuels. Tout récemment encore, une dame propriétaire du gouvernement d'Orel m'exposait les idées qu'elle a entrepris d'appliquer chez elle et de propager le plus possible pour le développement limité des prolétaires et des paysans, un développement graduel appliqué avant tout au métier. Idées assez semblables, dit-elle, à celles du grand éducateur noir américain, Booker Washington.

Je continuerai à noter au hasard, à mesure que le souvenir m'en reviendra, mes rencontres avec des femmes de toute catégorie sociale, appartenant aux milieux les plus différents. Libre à mes lecteurs de tirer leurs propres conclusions, de collaborer ainsi avec moi en ce travail dont l'unique but est d'aider à une enquête générale sur la question actuelle du féminisme.

Peut-être ai-je poussé trop loin ma comparaison entre la femme russe et l'Américaine. Cette dernière possède un héritage anglo-saxon qui l'arme de principes très forts ; elle exerce sur elle-même un empire qui ferait croire à quelque froideur de tempérament ; elle est positive et raisonnable. La première est à la fois plus souple et plus mystérieuse, le mot de charme semble fait pour sa physionomie mobile et caressante ; elle a beaucoup moins conscience d'elle-même et beaucoup plus d'imagination ; elle garde dans toutes les professions, même les plus viriles, ce naturel qui préserve du pédantisme et d'une attitude autoritaire. On se rappelle le geste naïf de Sophie Kovalevsky tout heureuse d'avoir résolu les problèmes qu'à l'Université de Berlin le professeur Weierstrass donnait aux élèves les plus forts de son cours. Elle enleva vivement son chapeau, d'où s'échappa une chevelure bouclée ; ses grands yeux un peu myopes, ses yeux de couleur changeante, si expressifs, si passionnément interrogateurs, brillaient de plaisir ; elle rougit, et le vieux professeur, « le père de l'analyse mathématique moderne, » se sentit ému pour cette femme enfant d'une paternelle tendresse. Quoiqu'elle s'habillât avec l'excessive négligence que beaucoup d'étudiantes russes se sont fait un devoir d'imiter, la touchante et piquante Sonia séduisit toujours les hommes comme les femmes par sa grâce où l'enjouement se mêlait à la rêverie ; on ne voyait en elle rien qui permît de deviner ce monstre : un professeur de mathématiques féminin, célèbre en Allemagne, en Suède, en France, autant qu'en Russie. Ses travaux ardus ne chassèrent de sa vie ni le caprice, ni la passion, ni la douleur ; à treize ans : elle fut amoureuse de Dostoïevsky, trois fois plus âgé qu'elle et qui avait rapporté de son horrible exil des attaques d'épilepsie ; à dix-sept ans, elle fit un mariage fictif pour fuir la maison paternelle et pouvoir étudier dans les Universités étrangères. Timide et hardie à la fois, inexpérimentée en tout, distraite jusqu'au ridicule, incapable de vivre sans appui, prête à détester la vocation qui l'empêchait d'être aimée, — son humeur jalouse et ardente le lui faisait croire du moins, — elle resta, cette petite femme que la louange universelle élevait au-dessus des autres, secrètement absorbée dans le drame poignant de sa propre vie.

Ceci n'a rien d'américain. Même quand elles sont hommes par la volonté, le savoir et le courage, les Russes les mieux douées n'ont aucun esprit d'organisation, aucune sagesse pratique, de même qu'elles n'écartent jamais systématiquement de leur vie l'amour et le mariage. L'habitude d'une oppression qui n'est pas celle de leur sexe, mais l'oppression de tout le peuple dont elles font partie, a étouffé en elles ce genre de spontanéité qu'on appelle communément la franchise, et elles ont vu tant souffrir que le besoin de porter secours domine, chez elles, tous les autres. Partout elles se heurtent à de tels obstacles ! De là un fond de tristesse habituelle même chez celles qui ont les apparences de la plus vive gaîté. L'Américaine, au contraire, a la sérénité d'un être qui se sent soutenu, dans des ambitions bien fondées, par l'opinion publique et par les lois de son pays.

Les universités transatlantiques, féminines ou mixtes, sont l'objet de l'admiration et de l'envie des jeunes filles russes, moins bien partagées. Peut-être gagnent-elles cependant sous le rapport de l'originalité de l'esprit à n'être pas toutes coulées dans le même moule ; mais, quoi qu'on fît, je crois, elles resteraient elles-mêmes. Il est à remarquer que le fond de l'individualité est rebelle à toute contrainte sur cette terre de l'autocratie. Lisez plutôt les années de jeunesse de Tolstoï, celles de Kropotkine ; vous verrez si les habitudes et les préjugés de leur entourage ont le moins du monde influencé ces deux hommes. Tel ou tel des Tolstoïstes les plus intransigeants sort de l'Ecole des pages de la garde impériale ; et des filles d'officiers supérieurs sont devenues nihilistes. Pourtant l'éducation ne diffère en aucun pays autant qu'en Russie selon la naissance et la condition de chacun.

J'indiquerai rapidement comment sont élevées les jeunes filles dans la noblesse et dans la bourgeoisie.

Les premières passent par les mains de gouvernantes successives appartenant à différentes nationalités. Persuadés comme nous le sommes que les Russes naissent polyglottes, nous éprouvons, une fois arrivés chez eux, quelque surprise à rencontrer tant de gens qui ne parlent que le russe. C'est qu'ils ont appris les langues comme on les apprend chez nous au collège. En tout pays, le précepteur ou l'institutrice est un luxe.

Dans une maison amie où je reçois l'hospitalité à Saint-Pétersbourg, deux enfants, de dix et douze ans, parlent en perfection le français, l'anglais et l'allemand. La petite est déjà musicienne. Elle danse à merveille, j'ai pu en juger par un ballet improvisé de sa composition. Ce qui me frappa surtout fut la pantomime expressive et bien réglée, les groupes charmants dessinés par des enfants qui, jamais encore, n'ont mis le pied à l'Opéra. La danse comme le reste, cette fillette grave et précoce prend tout au sérieux. Jamais je n'ai vu aussi marqué sur un front de cet âge le pli de l'application soutenue, presque douloureuse. Et le jeune garçon, sanglé dans l'uniforme militaire de l'école des cadets, est de même évidemment pénétré de la nécessité d'apprendre, comme on peut l'être d'un devoir inséparable du rang dont il a déjà la conscience très nette. Si jeune qu'il soit, c'est un petit homme, un petit prince, il en a les manières, la politesse, il sait baiser la main des femmes, répondre ou se taire à propos. A l'école, il ne rencontre que des camarades de son monde, et le dimanche, à l'église des Apanages, le frère et la sœur ont le sentiment de faire partie d'un cercle privilégié de fidèles. En même temps, il y a sous ce vernis un entrain exubérant qui éclate par intervalles. Explosions vite réprimées. Les enfants ne règnent pas en maîtres dans la famille, ils restent à leur place sans occuper d'eux, quoique leur développement soit l'objet d'une perpétuelle sollicitude.

Je cause avec un père de famille veuf et passant une grande partie de l'année dans ses terres. Il a pour ses enfants toute une maison, composée d'un médecin, d'un précepteur, d'une bonne allemande, d'une gouvernante française, d'une institutrice anglaise. Et il raconte drôlement les difficultés qui surgissent quand ces dames sont trop laides ou trop revêches au gré du précepteur ou du médecin, les ennuis d'une autre sorte dans le cas contraire. Ce sont ces Russes-là qui parlent toutes les langues et qui ont le caractère cosmopolite dont nous sommes frappés dans nos relations avec eux. Leurs études une fois achevées au milieu et par les soins d'étrangers, on les a envoyés à l'étranger encore, acquérir le dernier poli.

Que deviennent ces jeunes filles élevées avec tant de soin ?

Beaucoup d'entre elles, après avoir reçu dans toutes les capitales de l'Europe les leçons des plus fameux professeurs, et rapporté de ces mêmes capitales, pour en parer leur charmante personne, les chefs-d'œuvre des plus illustres couturiers, s'en tiennent à tout jamais au rôle d'ornements de salon, de brillants papillons, les plus frivoles qui existent. D'autres conservent le goût des plaisirs de l'esprit. Quelques-unes y joignent la profondeur de la pensée. Mme Swelchine, la princesse de Liéven, et combien d'autres, en sont pour nous la preuve.

Je voudrais, bien qu'elle ne soit plus là, citer, comme type accompli de la jeune fille russe, une fleur exquise trop tôt fauchée, que j'ai connue et aimée, en qui commençait à poindre, avant sa dix-septième année, un romancier de talent. Sans avoir rien perdu de la simplicité de son âge, bonne autant qu'intelligente, elle écrivait d'une manière distinguée et déjà originale en quatre langues : je regrette que les lettres, les fragments, les courtes nouvelles qui restent d'elle en français ne puissent témoigner ici de ce que j'avance. Ses impressions d'Italie montrent une curieuse indépendance de jugement, et d'un trait net, précis, quelquefois aiguisé de spirituelle malice, elle esquisse un personnage, nous le fait voir. La fièvre typhoïde la prit à Rome et l'enleva en quelques jours. Son père a réuni avec amour le petit héritage littéraire de celle qu'on appelait encore « Loulou » : imagination, histoire et critique. Cette délicieuse Julie de Gerschau avait la passion de Venise, qui lui rappelait, disait-elle, par un genre de charme indéfinissable où la majesté s'efface sous la grâce légère, son héroïne de prédilection, Marie Stuart. Elle vivait pour *sa reine* ; ses voyages, ses lectures, ses études, elle rapportait tout à Marie Stuart, devenue la figure centrale d'un roman historique qu'elle écrivit en anglais avec un enthousiasme passionné et sérieux, avec une savante recherche des particularités de mœurs et de langage. Elle-même confessait que cette ébauche, *Quicksands* (Sables mouvants), était l'un des grands intérêts de sa vie. Et l'œuvre resta inachevée comme la jeune vie elle-même, si courte, si riche cependant. Plus longue, elle n'eût peut-être apporté que déceptions à cette âme ardente et pure, qui attendait d'elle tant de nobles choses dont le monde est avare, en quelque pays que ce soit.

Des Instituts spéciaux sont ouverts aux jeunes filles de la noblesse dans toutes les villes principales. Il y en a huit à Saint-

Pétersbourg, autant à Moscou et seize dans les différentes villes de Russie. Je suis conduite dans l'un des plus renommés, l'Institut Pavlowsky, par le général en retraite qui en est curateur. Il ne passerait pas le seuil de cet hôtel imposant, situé dans un très beau quartier où les édifices publics s'entremêlent aux jardins, sans revêtir un habit de cérémonie, frac à boutons d'or, au revers endiamanté de décorations.

Tout est pompeux dans l'aspect du grand vestibule, où une espèce de suisse, rouge et or, vous introduit.

La directrice est une personne de haute naissance et de grande allure, vêtue de violet avec une majestueuse austérité. Louis XIV l'eût mise à la tête de Saint-Cyr. Toutes les élèves ici sont internes. J'assiste à une leçon de français faite par une jolie maîtresse qui mériterait d'être Parisienne. Elle prononce admirablement et sait rendre sa leçon aussi animée que possible. C'est un charmant spectacle que celui de ces fillettes en pèlerines et tabliers blancs, promptes à tout saisir, se renvoyant la balle dans une langue que quelques-unes ne font encore que balbutier. Nous passons de là aux régions supérieures, où un jeune professeur venu de France donne une leçon de littérature. Il corrige des compositions dont le sujet est celui-ci : l'étude de la géographie proposée comme dérivatif au désir des voyages ; et m'a l'air un peu intimidé par tous ces beaux yeux braqués sur lui. Le général me dit tout bas que c'est un nouveau, à l'essai : il n'a pas encore d'uniforme. Le professeur de physique porte le sien avec aisance. Au nombre des auditrices, quelques jeunes filles, plus âgées que les autres, se distinguent par la couleur puce de leurs robes. Celles-là se destinent à l'enseignement ; elles échangeront le diplôme décerné dans l'Institut même contre un autre conféré par le ministère de l'Instruction publique, mais on ne les y encourage pas. Les Instituts de la noblesse forment des femmes du monde, des mères de famille ; cependant, sur 240 pensionnaires, la moitié, filles d'officiers supérieurs, sont élevées aux frais de l'Etat ; elles risquent fort de devenir institutrices ou dames de compagnie, malgré le petit cadeau d'argent qui est censé leur servir de dot. A celles-là sans doute l'avenir, avec son étroitesse et sa dépendance, doit apparaître bien dur. Quelque chose de semblable arrivait autrefois à nos élèves de la Légion d'honneur, sauf que jamais la maison de Saint-Denis ne fut organisée sur ce pied de grand luxe.

Les demoiselles de la noblesse mènent ici ce que j'appellerais volontiers une vie de château. Ce sont, dans les grands escaliers, dans les vastes salles aux parquets luisants comme une glace, de petits pas pressés qui palpitent dans le silence ; une irréprochable révérence vous est tirée, un aimable visage sourit, l'air heureux. La règle de cette maternelle maison ne paraît peser sur personne. Tout y est agréable, l'infirmerie même, si coquette qu'on doit vraiment y prendre son parti d'être malade, d'autant que les amusements ne manquent pas aux convalescentes. Le service de l'Institut est fait par de jeunes domestiques qui, elles aussi, ont un petit uniforme propret. Elles sortent toutes de l'hospice des enfants trouvés ; après trois ans de ces fonctions obligatoires dans les Instituts, elles se placent ailleurs si bon leur semble. Pierre le Grand ne voulut-il pas que chacun des citoyens de son empire servît l'État de quelque façon ?

Le général me fait visiter en détail les classes, la salle splendide de concert et de danse, les cellules où les musiciennes peuvent étudier leur piano sans se gêner les unes les autres. Il porte à ces enfants un intérêt affectueux et m'avoue en souriant qu'il écrit à leur usage une mythologie où beaucoup d'unions irrégulières sont, pour ne pas troubler de chastes imaginations, transformées en mariages multiples comme ceux des patriarches.

Les huit gymnases de cinq cents jeunes filles ressemblent beaucoup plus à nos lycées. De fait, c'est à peu près le même programme, avec moins de sciences naturelles, ce qui est aussi le cas pour les lycées de garçons Les gymnases sont fréquentés par les jeunes filles de la bourgeoisie, et l'instruction qu'elles y reçoivent est excellente ; on dit même qu'elle a provoqué une heureuse émulation dont se ressentent les programmes des Instituts de la noblesse. C'est presque exclusivement des gymnases que sortent les étudiantes et les doctoresses.

Il fut un temps héroïque, pour ainsi dire, où ces deux mots suggéraient l'idée de brouille avec la famille et de fuite à l'étranger, à la suite quelquefois d'un mariage simulé qui restait tel presque toujours, quelque peine que nous puissions avoir à le croire. L'étudiant qui acceptait d'épouser, pour la libérer, une jeune fille de bonne famille, assez résolue pour venir elle-même lui demander ce service, tenait d'ordinaire avec une religion admirable sa promesse de ne rien exiger d'elle. On partait ensemble pour une ville d'Allemagne ou de Suisse, et après des années de misère, l'exilée revenait, munie de diplômes, exercer un ministère de dévouement.

Aujourd'hui les parents sont moins rigoureux. L'idée d'une carrière pour les femmes commence à se faire accepter. Un père de la classe bourgeoise, le moins libéral des hommes au demeurant, dit devant moi en parlant de ses filles, toutes les quatre étudiantes dans des branches différentes, médecine, pédagogie, beaux-arts : — Oui, les temps ont changé. On ne sait trop ce que sera l'avenir. Un homme n'est pas fâché d'épouser une femme qui sache s'aider au besoin. Plus qu'autrefois, il aime à causer avec sa femme de ce qui l'intéresse lui-même. En tout cas une femme instruite lui impose davantage, il la traite mieux.

Rien n'est plus intéressant que d'écouter, sur le moment où les cours de médecine s'ouvrirent à Petersbourg, celles qui furent jeunes en ces années bénies d'émancipation et de progrès pour la Russie qu'on appelle les années 60. La première demande officielle faite par une femme russe pour être admise aux cours de médecine dans une université de province remonte à 1861. Le conseil médical ne vit aucun inconvénient à la recevoir, pourvu qu'elle remplît les formalités obligatoires pour les étudiants du sexe masculin. D'autres demandes se produisirent, et la présence de plusieurs femmes fut tolérée aux cours de l'Académie de médecine de Saint-Pétersbourg ; mais leur nombre s'accrut trop rapidement ; les dames prétendirent aussi s'imposer aux cours universitaires de mathématique, dé jurisprudence, et le droit tacitement accordé d'abord fut retiré, sous prétexte d'examiner la question. Alors commença la migration des jeunes filles russes dans les universités étrangères. Le 2 décembre 1867, Mlle Nadine Sousloff obtint la première en Russie ses diplômes de docteur, après avoir soutenu à Zurich une thèse brillante. L'année suivante, une nouvelle exception fut faite ; puis les portes entrouvertes un instant se refermèrent et les jeunes filles reprirent le chemin de l'étranger. Cependant vers la fin de novembre 1867, Mme Eugénie Konradi réussit à présenter avec quelques chances de succès une supplique demandant l'organisation de cours universitaires réguliers exclusivement pour les femmes qui se rendraient à l'Université aux heures où seraient terminées les leçons des étudiants. Elle obtint ainsi la création des cours supérieurs auxquels le nom du professeur Bestougeff est attaché. Mais les cours de médecine ne furent inaugurés qu'en 1872, sous l'influence des idées libérales accueillies alors par Alexandre II, et qui l'emportèrent sur de vives résistances. Une jeune fille généreuse, mariée aujourd'hui au général Schaniowsky, et qui depuis a continué ses largesses, donna 50000 roubles pour l'aménagement des cours projetés. Ceux-ci durent beaucoup au général Miloutine resté en vénération parmi les femmes médecins qui furent les étudiantes de ce temps-là. Il était ministre de la Guerre et n'en avait pas moins sous sa dépendance l'Académie de médecine. C'est lui qui, en soumettant à l'empereur le plan des nouveaux cours, sut en démontrer l'utilité, notamment l'augmentation de l'aide médicale insuffisante dans les provinces, et l'enrayement de l'exode toujours croissant des jeunes filles russes. Les cours furent décrétés à titre d'essai pendant une période de quatre ans, et la veuve du général Yermolow accepta d'en être l'inspectrice. L'école de médecine des femmes était alors établie à l'hôpital militaire Nicolas, contenant un millier de malades. Les professeurs de l'Académie allaient y faire leurs cours, les mêmes sans la moindre différence qu'ils faisaient aux hommes.

La guerre serbo-turque, en 1877, donna l'occasion au gouvernement de constater le dévoûment et la valeur des étudiantes. Une trentaine d'entre elles ayant achevé leur cinquième année d'études, obtinrent la permission de s'enrôler en qualité de feldchers, d'aides-médecins, et partirent pour la Bulgarie avec les convois de la Croix-Rouge. Six mois après, l'inspecteur en chef du service médical de l'armée leur accordait une attestation des plus honorables pour leur zèle, leur savoir faire, leur présence d'esprit et leurs soins entendus au double point de vue chirurgical et thérapeutique. Une gazette de Turquie, en s'étonnant de voir pour la première fois des femmes médecins admises dans une armée, déclara que celles-ci s'étaient montrées dignes des éloges qu'on leur prodiguait.

A la fin de la guerre, plusieurs, qui avaient pansé les blessés sur le champ de bataille, furent décorées, et dans l'hiver 77-78, soixante étudiantes ayant passé leurs examens devant le jury d'usage, reçurent le titre de femmes-médecins. Quelques-unes restèrent à Pétersbourg et devinrent externes d'hôpitaux, mais le plus grand nombre se répandit dans les provinces et les campagnes.

Voici les confidences d'une étudiante en médecine du temps où les jeunes filles, en lutte contre la volonté de leur famille, s'échappaient de la maison paternelle sans protection, sans ressources, pour vivre de leur vie propre, et arriver au développement complet de leurs facultés : la *Nora* d'Ibsen.

— E. M... accoutumée au doux climat du Caucase et à une large aisance, connut à Pétersbourg la pire pauvreté. A cette époque les étudiantes, internées depuis, étaient libres de vivre à leur guise où elles voulaient, comme elles pouvaient. Un groupe de jeunes femmes intrépides avait loué dans une maison neuve un appartement à bon marché, les plâtres n'étant pas secs. Elles y passèrent un terrible hiver, vivant presque exclusivement de thé. De temps en temps cependant l'une d'elles recevait quelques provisions de sa famille. Ce fut ainsi que la petite colonie se trouva en possession d'un beau morceau de viande, le premier rôti qu'on eût confié au four du grand poêle. Il exhalait un parfum exquis.

Alentour se pressaient les convives affamés, — quelques étudiants invités dans le nombre, — déjeunant déjà par l'odorat en attendant le moment où la table serait servie. Mais il y a toujours place pour un accident entre le désir et sa réalisation. En retournant pour la dernière fois le rôti cuit à point, une main maladroite le fit rouler par terre avec tout son jus. — Ce morceau magnifique sera-t-il perdu ? — Non, sans doute ! En l'essuyant bien... — Mais le jus... un si bon jus ! — Et voilà les pauvres étudiants qui tous à genoux se mettent à y tremper leur pain. Ce fut le repas le plus gai du monde. Cependant l'humidité des murs, le surmenage et les privations avaient fait leur œuvre. E. M... devient malade, les poumons sont pris, force lui est de renoncer au doctorat, mais les examens de *feldcher* sont moins difficiles, elle les passe et s'en va du côté de l'Oural, porter ses soins dans une usine où sévit le typhus.

Cette usine est tout un village. Elle me fait des descriptions terribles de la première cabane où elle entra sans que personne lui répondît. Personne, en effet, n'y semblait vivre. Seulement sur le poêle elle aperçoit, pendants de côté et d'autre, un bras, une jambe appartenant à différents individus. Ces membres épars sont couverts de taches noires sinistres ; ce sont les cancrelats qui les dévorent. Une petite fille assise par terre pleure silencieusement, se sentant seule au monde. Et voilà cette jeune femme isolée, à demi poitrinaire, aux prises avec l'horrible fléau, s'efforçant de consoler, de guérir, et puisant des forces inespérées dans le contact de toutes les misères qu'elle soulage. Ce n'est pas son premier poste ; elle a commencé par un autre village où sévit la diphtérie. Pour y arriver, à des distances que le chemin de fer n'atteint pas, il lui faut faire un long trajet dans le chariot couvert où un marchand ambulant d'assez mauvaise mine lui a donné place. Plusieurs journées dans les bois, à travers la grande forêt monotone. Toujours les mêmes colonnades interminables, à côté d'un inconnu qui lui demande de temps à autre si vraiment elle n'a pas peur, d'un ton qui lui fait comprendre toute l'étendue de son imprudence. Elle arrive saine et sauve, pour se trouver, à l'hôpital, sous la férule d'un vieux médecin rétrograde et méfiant. Logée dans une chambre contiguë à celle des morts, elle a le souvenir, à demi comique, à demi macabre, d'un cadavre galvanisé par la vodka. Un gémissement l'a éveillée ; celui qu'elle croyait mort demande à boire et elle lui procure une dernière consolation en lui versant de l'eau-de-vie. Là-dessus il ressuscite, se lève, fait quelques pas, mais c'est pour mourir tout de bon en regagnant son lit. Le feu de paille s'est éteint. Grâce à elle, du moins, il a eu encore un bon moment. Des varioleux la chassent de son asile occupé d'ordinaire par les maladies contagieuses. Il y a tant de malades qu'on ne sait plus où la mettre dans l'hôpital, d'ailleurs fort petit ; bref, elle se trouve logée, par faveur, dans la prison de l'endroit. Sa cellule n'est pas mauvaise, mais elle est forcée de se soumettre au régime des condamnés, on l'enferme le soir. Singulière prison où il suffit que les détenus rentrent à une heure déterminée pour se faire mettre sous clef jusqu'au matin. Leur jeune voisine les intrigue fort : « Qu'a-t-elle fait, celle-là ? — Rien, prisonnière volontaire. » Ce qui m'intéresse le plus dans son récit, c'est l'impression que cette enfant des villes éprouva quand pour la première fois elle se trouva devant un paysan. Il représentait ce peuple qu'elle rêvait de servir. Aimer, instruire le peuple, on ne songeait qu'à cela en 1870, et avec quelle ardeur avait-elle partagé le désir général ! Ce colosse barbu, déguenillé, malpropre, farouche, lui fit peur. Pour lui, cependant, elle avait tout quitté ! Et, malgré cette première impression, elle n'a jamais cessé de se dévouer à lui d'une manière ou d'une autre

Je vois encore agir tout près de moi, en Petite-Russie, une femme-médecin dont l'histoire, pour être moins romanesque, n'est pas moins intéressante. C'est une blonde robuste, aux traits accentués, indiquant la volonté ferme et la bonté surtout. Elle a été quelque temps à la tête d'un hôpital considérable du zemstvo dans une ville de province, mais ces places ayant été depuis réservées aux hommes, elle s'est donné tout entière à la clientèle libre, ce qui l'oblige, dans les campagnes, aux voyages les plus longs et les plus fatigants. Elle parle couramment le petit-russien et est adorée des paysans qu'elle traite avec une cordialité familière. Sa vocation remonte au temps où les parents s'opposaient généralement à de pareilles velléités. Les siens, chargés de famille, lui avaient donné le spectacle d'un de ces ménages où la gêne produit des mésintelligences et elle s'était juré, presque enfant, que jamais elle ne serait dépendante d'aucun homme. Cette résolution était le premier pas vers une carrière quelconque. Mais comment y arriver ? Tous les sacrifices étaient faits au profit de ses frères. Quand elle parla d'étudier la médecine, ce fut d'abord un *tolle*. Puis le père s'aperçut peu à peu que ses fils étaient passablement paresseux tandis que sa fille promettait d'être une personne capable de se débrouiller dans la vie. Il la conduisit lui-même à Petersbourg et lui fit une pension dans la faible mesure de ses moyens. Comme la plupart des étudiants des deux sexes, elle donnait quelques leçons pour ajouter à ses ressources. Vie passablement dure, en somme, me disait-elle, mais tout le reste était si bien... Les professeurs, les camarades parfaits ! Une fois docteur, elle réalisa son idéal, qui était de se dévouer à qui avait besoin d'elle. Il va sans dire qu'elle soigne gratuitement les pauvres, elle ne veut rien recevoir non plus de ses amis et, comme tout le monde dans le district est de ses amis, on ne sait comment elle trouve non seulement le moyen de vivre, mais encore de soutenir les siens. Les frères n'ont pas réussi comme elle ; ils sont chargés d'enfants ; elle doit songer au mariage de celle-ci, à l'école de celui-là. Aussi est-elle restée célibataire. Elle s'interdit la politique, tout en ayant l'esprit libéral. Au milieu de ses confrères libres penseurs, elle a gardé la foi. Type sympathique et attachant d'une créature parfaitement saine qui ne voit en ce monde que le devoir immédiat, comme le veut Tolstoï, et suit son chemin sans broncher. L'optimisme et la gaîté se dégagent d'elle, communicatifs et bienfaisants : peut-être a-t-elle moins d'idées générales que quelques-unes, mais elle a aussi moins de rêves. Elle ne fait aucune propagande ; elle s'acquitte de son métier. Par excellence, elle mérite l'épithète de *maladietz*, vaillante. Le général Miloutine, homme humain, excellent et vraiment supérieur, avait toujours traité les étudiantes avec une bonté paternelle. Le général Vannovsky, nommé en 1881 ministre de la Guerre, ne leur témoigna pas la même faveur et en 1886 les cours de médecine furent définitivement fermés aux femmes. En 1895 seulement, après neuf années de démarches incessantes, d'efforts infructueux, de résistance de la part du Gouvernement et du Synode, l'Institut de médecine, tel qu'il existe aujourd'hui, les admit de nouveau. Ce fut grâce à la générosité de particuliers qui rassemblèrent entre eux un capital de 700 000 roubles, les plus fortes sommes venant de Moscou. Obligeamment guidée par Mme Kodyan, femme d'un médecin bien connu de Saint-Pétersbourg, j'ai pu visiter dans leurs détails les deux beaux bâtiments qui représentent l'Institut et la maison de l'Internat. L'inspectrice, Mme Seniawine, et d'autres dames qui s'intéressent à l'Internat nous accompagnent dans cette visite. Elles me parlent de l'énergie déployée par la baronne Uxkull, présidente du comité de construction, pour arriver aux résultats que j'admire.

La société préposée à l'accroissement des ressources de cet Institut de médecine compte aujourd'hui 300 membres. Il y a 117 élèves dans la maison de l'Internat, des jeunes filles qui, venues de province, ne peuvent demeurer chez leurs parents ; mais les étudiantes même qui ne jouissent pas de ces jolis logements, éclairés, comme toute la maison, à l'électricité, avec salle de bains, salle de musique, bibliothèque, peuvent venir du dehors dîner au vaste réfectoire. Trois cents personnes sont ainsi nourries moyennant un prix modique.

Trois cours fonctionnent à l'Institut et comptent environ 500 étudiantes. Les étudiantes qui ont terminé le cours complet de dix semestres reçoivent un diplôme qui leur donne le droit d'exercer librement la carrière médicale à l'égal des médecins du sexe masculin.

Toutes les jeunes filles que je rencontre dans les longues galeries qui servent de promenoirs, celles qui me font les honneurs des différentes parties de l'établissement, sont très différentes de certaines étudiantes, aperçues jusqu'ici, et qui affectaient une extrême négligence dans leur toilette ; elles sont bien tenues, coiffées avec soin ; point ou très peu de cheveux courts, cette caractéristique de l'étudiante aux opinions radicales qui affiche résolument le dédain et presque la crainte héroïque de plaire. C'est de sa part une réaction contre l'éducation artificielle donnée à la jeune fille par les gouvernantes étrangères. Mais il y a aussi un *snobisme* de désordre et de malpropreté dont se gardent les pensionnaires de l'Institut de médecine. Elles sont très agréables à voir ; les étudiantes américaines reconnaîtraient des sœurs dans ces jolies personnes, d'un type bien différent du leur pourtant, aux lignes moins régulières et moins arrêtées, aux contours plus amples et plus souples à la fois. L'une d'elles me propose d'aller voir le magnifique amphithéâtre d'anatomie, excursion que je décline, me sentant un peu lasse de ma longue promenade à travers les laboratoires et bibliothèques de l'Institut et les quatre étages de l'Internat. Les pionnières des années 60-70 prétendent qu'il n'y a pas trace chez ces étudiantes enrégimentées et surveillées de la flamme généreuse qui les dévorait elles-mêmes. Celles-ci songent à se créer une carrière tout autant qu'à servir l'humanité ; elles se partagent les places de médecins dans les gymnases, collèges et couvents de femmes, dans les maisons d'éducation, les asiles, les maisons d'accouchement, les bureaux de police médicale à l'usage des femmes, la direction des dispensaires principalement affectés aux femmes et aux enfants dans les villes de province, etc. Plus ou moins elles sortent des classes aisées puisque chacune d'elles doit verser cent roubles par an, moyennant quoi elle a droit à l'enseignement gratuit de tous les professeurs et à la jouissance de tous les laboratoires ; plus 300 roubles pour la pension. Ce serait au-dessus des ressources de la plupart. Cette raison et le petit nombre des étudiantes admises dans les universités russes, deux ou trois pour cent environ, font que la poussée continue vers les facultés étrangères. Nous savons combien il y a d'étudiantes russes à Paris, il y en a au moins autant en Allemagne ; mais elles envahissent surtout les universités suisses où la vie est moins coûteuse, montrant partout le même acharnement au travail et supportant avec le même courage stoïque la même pauvreté. Celles qui reçoivent une pension de leurs parents, luttent contre des difficultés égales à celles de leurs camarades ; car elles mettent tout en commun, ce qui appartient à l'une appartient à l'autre. Nulle part la fraternité ne s'affirme d'une façon plus touchante que dans ces colonies d'étudiantes. L'une d'elles, qui prépare son doctorat en France, me dit qu'elles sont à Montpellier une soixantaine de Russes dont beaucoup de juives. Elles se sont divisées en deux groupes de trente, chacune d'elles faisant la cuisine une fois par semaine, tandis qu'une autre sert à table. Un local composé d'une bibliothèque et d'une salle à manger est loué à frais communs ; elles logent éparses en ville dans de petites chambres. A midi, on dîne ensemble, fidèles à la cuisine russe. Un seul repas par jour. La famille de cette jeune fille habite la Russie et la laisse avec confiance livrée à elle-même. Elle se partage entre la science et le chant. Choisir ? Pourquoi ? Elle prétend réussir en tout. Avec ses camarades de l'autre sexe aucune coquetterie. Toutes celles que j'ai vues sont ainsi. Et la différence frappante sur ce chapitre entre l'Amérique et la Russie, c'est qu'en Russie les hommes ne sont nullement prosternés devant les femmes ; des égales, des camarades, rien de plus.

Dans les universités russes, où les deux sexes sont séparés, il n'y en a pas moins entre *eux* et *elles* une solidarité étroite. Lors de la manifestation si violemment réprimée à Saint-Pétersbourg sur la place de Kazan, les étudiantes étaient présentes, auprès des étudiants. Le récit de cette affreuse journée m'a été fait par l'une des manifestantes. Elle se trouvait, sur les marches de l'église, la foule au-dessous brutalement refoulée par la police. Quand les Cosaques chargèrent, ce fut un écrasement, une panique, des cris d'angoisse et de fureur. A quelques pas d'elle, évanoui dans son manteau, un étudiant était assommé à tour de bras par trois Cosaques. Elle s'élance, indignée, leur fait honte. L'un d'eux s'arrête, les deux autres se tournent contre elle et elle se sent frappée à la tête par la terrible nagaïka, puis sur les bras, sur les épaules. On l'arrête avec beaucoup d'autres, on l'entraîne jusque dans la cour du bureau de police. Là, ils ont attendu des heures. Le soir seulement, un peu de nourriture leur fut donnée. Interrogatoire pour la forme, quinze jours de prison, puis l'exil en province ; on leur permit généralement de choisir le lieu de leur résidence. Elle a choisi la ville dont sa famille est originaire, où elle est avantageusement connue et peut trouver quelques leçons.

Celle qui me raconte ces choses est une toute jeune et très jolie personne, petite, mince, le profil légèrement aquilin, de grands yeux gris tristes et candides, les cheveux coupés courts, en toilette plus que simple. Elle parle bien le français, d'une voix lente aux intonations un peu plaintives. Son désir serait d'aller à l'étranger ; là il lui faudrait donner des leçons pour son entretien. En trouverait-elle ? J'écoute cette pauvre enfant avec émotion. Elle ne me paraît pas de force à soutenir la lutte pour l'existence, mais une volonté indomptable la soutient. C'est cette volonté qui l'a fait venir de loin à bicyclette, par des routes de sable, très montueuses, jusqu'à l'endroit où nous nous rencontrons. Elle a fait le voyage avec deux étudiants, ses camarades, qui déclarent qu'elle les a retardés, qu'elle doit être épuisée, et lui conseillent de revenir par un autre moyen de locomotion. Mais elle s'obstine. Et je sens qu'elle apportera cette même obstination aveugle, désespérée dans tout ce qu'il lui plaira d'entreprendre. Les deux jeunes gens n'insistent pas ; elle est libre, mais pour le retour ils partent sans s'occuper d'elle à un train qu'elle ne peut suivre. Avec une bonté rude qui exclut toute galanterie, quoiqu'elle soit vraiment protectrice, ils la forcent ainsi à prendre le chemin de fer. Elle n'en montre ni humeur ni dépit, rien qu'un peu d'humiliation. Elle est vaincue pour cette fois, voilà tout. L'incident me paraît très caractéristique. Aucune de ces intrépides ne consulte ses forces. Ce qu'on peut leur reprocher aussi, c'est de ne pas se spécialiser volontiers. Il y a chez elles, avec le désir de tout embrasser, une inconstance vague, une soif ardente d'expériences nouvelles, un perpétuel souci du développement de leur individualité, en dehors même de l'œuvre qu'elles se proposent d'accomplir. Le besoin de se dévouer et de souffrir est, chez la plupart, à l'état de passion. Ce n'est pas assez pour elles de soulager les malheureux ; elles veulent partager le fardeau de ceux qui sont chargés, faire, comme l'a dit l'une d'elles, leur propre douleur de la douleur des autres. Ce sont les romantiques de la philanthropie et de l'intellectualité.

Non moins intéressante que ma visite à l'Institut médical fut celle que je fis à l'édifice imposant qu'occupent les cours supérieurs également créés pour et par les femmes.

J'ai déjà dit un mot des premières tentatives d'Eugénie Konradi, rédactrice du journal *la Semaine*, aidée par deux autres dames, Marie Troubinskov et Nadine Stassow. En 1869, le ministère de l'Instruction publique autorisa l'admission des femmes aux cours d'histoire, de philologie, de physique et de mathématique. Ce n'était pas tout à fait réaliser les espérances des quatre cents signataires d'une supplique adressée au recteur de l'Université. Elles obtinrent, en outre, de quelques professeurs sympathiques à leurs tendances qu'ils fissent des cours gratuits. Ce premier essai eut une influence marquée sur le développement des femmes russes.

Bientôt l'œuvre s'affirma plus complète. L'empereur Alexandre II, inquiet de voir tant de jeunes filles s'expatrier à la poursuite de la science, fit ouvrir dans les Universités russes des cours confiés à la direction du professeur Bestougeff-Riounine. Pour y entrer, il suffisait de présenter un certificat d'études complètes au gymnase ou à l'Institut et de payer annuellement 50 roubles. Chaque année, les étudiantes subissaient un examen, plus l'examen final à la fin des cours. Mais de ces efforts il ne résultait aucun droit ni privilège. On avait ensuite à chercher sa vie. Beaucoup de jeunes filles se plaçaient au loin, allant professer jusqu'en Amérique. Le conseil pédagogique retenait les sujets les plus remarquables comme assistantes. Pour diriger le côté économique de ces cours, fut fondée, en 1878, une société dont la présidente, une femme distinguée, Mme A. de Filosofow, réunit bientôt de toutes parts un capital assez considérable. Le ministère de l'Instruction publique et la ville de Saint-Pétersbourg y contribuèrent. Les cours grandissaient d'année en année. L'administration les installa dans un bâtiment dont la construction et l'aménagement ne coûtèrent pas moins de 230 000 roubles. Malheureusement, le mouvement nihiliste et ses conséquences mirent en péril, lors du meurtre d'Alexandre

II, l'existence des cours Bestougeff. Ils ne reprirent qu'en 1889, moyennant quelques restrictions dans le programme de l'enseignement, et à la condition que les étudiantes, renonçant à la vie indépendante, demeurassent, soit dans leur famille, soit dans un internat. Les cours sont divisés en deux branches : historico-philologiques et physico-mathématiques ; ils sont faits par les plus éminents professeurs. L'internat, à côté du collège, renferme, sans compter l'appartement de l'inspectrice, soixante chambres, deux salles de conférences spacieuses, un salon de réception, tout ce qu'il faut pour assurer aux étudiantes une vie confortable. Elles logent là au nombre de quatre-vingt-cinq. Une annexe permet de recevoir en tout cent vingt-cinq auditrices qui payent 300 francs par an tout compris.

Une femme-médecin est attachée à cet établissement. On vient d'ajouter à l'édifice une salle qui peut contenir mille personnes. Ceci a pu être fait, grâce à des legs et à des donations. L'aspect des internats de Saint-Pétersbourg, celui des cours supérieurs particulièrement, ne m'eût pas permis de juger de la pauvreté habituelle des étudiantes si je n'eusse pénétré dans le domaine si curieux de la société de bienfaisance de Moscou. Cette société, qui a pour but de pourvoir aux besoins des étudiantes de la ville, ne remonte qu'à 1897. Elle vit le jour grâce à l'initiative de Mmes Bakounine, Stolpofsky et de la princesse Michetzky. Ses principaux fondateurs furent l'éminent professeur Tchouproff, si populaire à Moscou, et quelques autres professeurs de l'Université. Les ressources étaient modestes et les charges bien lourdes. Elles s'étendaient à toutes les femmes pauvres se préparant soit à entrer dans les cours d'instruction générale et professionnelle, soit à passer leurs examens d'institutrice ou de *fedschers*, celles enfin qui, ayant terminé leurs études, ne trouvaient pas de travail. Il fallait procurer des secours d'argent continus ou accidentels, prêter sans intérêts, fournir gratis le matériel nécessaire aux études, pourvoir de vêtements, de linge, de chaussures, celles qui n'en avaient pas, organiser des logements en commun, des restaurants à prix réduits, faire entrer les malades dans les hôpitaux. Un zèle ardent vint à bout de tout cela. Pendant les quatre années de son existence, la société a organisé dans différents quartiers trois restaurants et deux internats. Le premier restaurant situé au-delà de la rivière est fréquenté principalement par les futures sages-femmes ; on y distribue jusqu'à cent dîners par jour à raison de 15 copeks l'un. Le second restaurant se trouve au centre de la ville et reçoit les étudiantes des différents cours supérieurs, pédagogiques, cours de langues étrangères, conservatoires, école des arts, etc. On y prépare quotidiennement jusqu'à 140 dîners à raison de 20 copeks ; encore est-on obligé de refuser à quelques-unes, vu le manque de place. Le troisième restaurant a été organisé pour les femmes officiers de santé et réuni ensuite à l'internat. Ces restaurants sont d'une grande simplicité sans doute, mais parfaitement propres.

Comme à Saint-Pétersbourg, où j'ai été frappée de la sollicitude toute maternelle témoignée par d'activés patronnesses aux étudiantes, les dames de Moscou ne comptent pas leur peine.

Le conseil décide des mesures à prendre, mais les secours sont répartis par les membres féminins de la société. Lorsque fut organisé le premier internat en 1898, il n'y avait en caisse que 900 roubles et de place que pour treize personnes. Dès le mois de janvier suivant, une demoiselle Guirche reçut trente-sept jeunes filles dans sa maison. Maintenant l'internat loge soixante-dix-sept étudiantes dans une trentaine de chambres qu'elles occupent deux par deux et même trois par trois. Il y a en outre une vaste salle à manger, une salle de réception, un logement pour l'économe, des cuisines, etc. A raison de quinze roubles par mois les étudiantes sont logées, elles ont du thé deux fois par jour, un dîner de deux plats et un plat pour souper. J'ai été cordialement invitée à l'un de ces repas, après une visite dans toute la maison et quelques entretiens avec celles des étudiantes qui comprenaient le français. La plupart étaient occupées au laboratoire de chimie. J'ai surpris les autres dans leurs chambres où elles travaillaient graves, studieuses, modestement vêtues, dévouées corps et âme à leur besogne, on n'en pouvait douter. Sur presque toutes les tables se trouvaient la photographie de Tolstoï et celle de Gorki. Une blonde, charmante, en grand deuil, me dit qu'elle est Polonaise et qu'elle aspire à enseigner un jour dans son malheureux pays. L'émotion de sa voix quand elle prononce en français les mots : — Non, je ne suis pas Russe, — je ne sais quelle emphase naturelle et saisissante dans sa tristesse et sa fierté me sont restées présentes. Presque toutes celles avec lesquelles je cause me disent qu'elles veulent être institutrices à la campagne. L'une d'elles est revenue du fond de la Sibérie étudier encore, après avoir professé plusieurs années, misérablement payée, qu'importe ! Il faut voir la flamme d'enthousiasme qui s'allume dans ces yeux tristes, éclairant de maigres visages, pâles et fatigués par les veilles, par l'effort trop assidu. Je dis toute la sympathie, tout le respect qu'elles m'inspirent à une bienfaitrice de la maison, Mme Morozow : — « Elles sont certainement courageuses, » me répond-elle. L'instruction supérieure des femmes a été moins favorisée encore par le gouvernement à Moscou qu'à Pétersbourg. Lorsqu'elle commença dans la capitale, sous les auspices du professeur Bestougeff, les célèbres cours Guerrier existaient déjà ici ; ces cours furent fermés en 1888, et les femmes de Moscou attendent encore que l'Université leur devienne accessible aux mêmes conditions qu'à Pétersbourg. Aujourd'hui, les cours sont faits dans l'internat même, ceux de pédagogie pour l'enseignement primaire pendant deux ans ; ceux qui comprennent les études supérieures, les sciences naturelles et historiques durent quatre ans. Le second internat, celui des femmes officiers de santé, a été organisé grâce à des subsides de la ville, qui assigna pour cela 2 000 roubles. Non seulement les internes, mais les externes peuvent y faire un repas de 20 copeks. Il y a tous les jours de quarante à cinquante convives, un certain nombre venant du dehors, puisque les pensionnaires ne sont que vingt-neuf, devant payer, elles aussi, 15 roubles par mois. Mais, si modeste que soit ce chiffre, seize seulement donnent la somme entière ; plusieurs sont absolument sans ressources. Je demande s'il est bien raisonnable d'aider tant de jeunes filles à s'élever au-dessus de leur condition. Mais on me répond que tout individu a le droit de développer au plus haut degré ses facultés naturelles. D'ailleurs il y a là des filles de toute classe, et les sympathies du public pour cette œuvre sont très vives. La preuve, c'est que les ressources n'ont cessé de grandir depuis le début, où il fallait se borner à secourir, et encore de façon bien insuffisante, les élèves les plus pauvres des cours d'accouchement et de massage. Dès la seconde année, fut fondé un bureau pour la recherche d'occupations diverses devant aider à vivre les étudiantes. Plus de cent personnes s'y adressèrent aussitôt, la plupart demandant des leçons, des répétitions, des traductions, de la copie pour machine à écrire, des places de lectrices, de comptables, de gardes-malades, de masseuses, etc.

La plupart de ces solliciteuses n'avaient aucun moyen d'existence ; les autres recevaient de leurs parents une somme mensuelle variant de deux à dix roubles. Une seule avait une pension de vingt-cinq roubles, mais, étant mère de trois enfants, elle ne réussissait pas à manger tous les jours. Le tableau le plus saisissant de cette misère est fourni par le bilan de la nourriture. Dépenser par jour de cinq à dix copeks, c'est juste de quoi ne pas mourir de faim. Inutile d'insister davantage sur la situation matérielle de cette catégorie d'étudiantes. La société de bienfaisance a fait des prodiges pour l'améliorer. Les affaires sont admirablement gérées par le conseil d'abord, puis par l'assemblée générale. Tous ces administrateurs travaillent sans rémunération aucune. La société se trouve sous la dépendance du ministère de l'Intérieur et les comptes rendus de ses ressources et de ses actes doivent être présentés tous les ans aux deux ministères de l'Instruction publique et de l'Intérieur. Pour raison de sûreté d'Etat ou de moralité publique, c'est-à-dire selon son bon plaisir, le gouvernement aurait le droit de la dissoudre immédiatement. On voit que son existence est précaire. Rien cependant ne l'a inquiétée jusqu'ici, et elle prospère, fournissant à la Russie les éducatrices dont elle a si grand besoin, ou ces femmes médecins qui dirigent des dispensaires jusqu'à Samarkande, jusqu'à Taschkent, multipliant leurs services dans les provinces russes d'Orient, où les femmes ne peuvent être soignées par des docteurs du sexe masculin.

A ceux qui, imbus comme moi d'anciens préjugés, demandent s'il reste un contingent suffisant de mères de famille, il est facile de répondre en signalant l'accroissement de la population. La fécondité des ménages russes suffit à tout. J'ajouterai que je n'ai entendu personne, dans tout mon voyage, blâmer cette ardente aspiration des jeunes filles vers la science.

Les étudiantes sont décriées dans de certains milieux pour d'autres raisons : leur solidarité avec les étudiants, la part qu'elles prennent aux manifestations ayant un caractère politique. Mais la conclusion n'est jamais de les renvoyer, comme on fait ailleurs, à l'aiguille ou à la cuisine. En Russie, de même qu'en Amérique, la femme, avant d'être femme, est un individu.

Peut-être me demandera-t-on quelle part prennent, en Russie, les religieuses à l'instruction de la jeunesse. Elles n'en prennent aucune jusqu'ici. Cependant, un ordre enseignant, le premier, fut fondé, il y a une quinzaine d'années, par la comtesse Effimovsky. Le hasard m'a fait rencontrer à Saint-Pétersbourg une religieuse appartenant à cet ordre fort restreint. Elle était venue de la Russie blanche réunir des souscriptions pour sa maison, située dans une de ces principautés d'autrefois, qui appartinrent à la Lithuanie et à la Pologne avant d'être incorporées à l'empire russe en 1772. Il y a là un mélange de Polonais catholiques et d'uniates qui, ne relevant ni de l'Eglise romaine, ni de l'Eglise orthodoxe, sont forcés d'adhérer à cette dernière sous peine de vivre sans prêtres. Tel est l'arrêt d'un prosélytisme autocratique. Les vieux résistent et se passent des secours de la religion plutôt que de céder, mais leurs enfants sont conquis peu à peu, les religieuses y aidant. A Bielsk, elles n'ont pas moins de quatre cents élèves qui reçoivent l'instruction primaire et sont dressées aux travaux des champs, aux soins du bétail. Les meilleures, quand elles se marient, reçoivent une petite dot. Il n'y a pas de population plus déshéritée que celle où se recrutent les élèves de cet internat. Très inférieure aux Russes, dégénérée au physique comme au moral, elle loge dans de misérables cabanes dont on compte une douzaine dans chaque village, et vit pauvrement des maigres ressources que lui fournit l'agriculture. Les petites filles de l'école de Bielsk vont toutes pieds nus. A cinq verstes de là, existe une école semblable pour les garçons, qui apprennent divers métiers sous la direction d'un prêtre. Les religieuses s'occupent aussi des plus petits. Elles ont six cents personnes dans leur couvent, pensionnaires, maîtresses, vieilles femmes recueillies par pitié. Seules, les élèves orthodoxes sont reçues. On devine combien une pareille règle doit produire de conversions !

Mon interlocutrice ressemble beaucoup, en somme, à une bonne religieuse de chez nous. Elle me dit que les vœux éternels ne sont prononcés qu'après le noviciat ; on peut rester novice toute sa vie.

Les sœurs converses portent le costume national russe, le sarafane, avec cette différence qu'il est noir au lieu d'être de couleur vive, la chemise blanche bouffante, un tablier blanc et un fichu de laine blanche sur la tête. Les religieuses sont reconnaissables au voile noir encadrant absolument le visage, sauf l'étroit bandeau des cheveux, et retombant en pèlerine sur les épaules. L'ordre ne reçoit de l'État qu'une subvention minime, mais on commence à se rendre compte en haut lieu des services qu'il rend, et une succursale va se fonder à Pétersbourg.

Cette religieuse aux beaux yeux noirs, à l'air intelligent, est la seule avec qui j'aie longuement causé, mais j'en ai rencontré beaucoup d'autres dans plusieurs couvents, sans compter les affreuses vieilles importunes et malpropres qui quêtent à genoux pour les frais du culte devant cette petite chapelle de la Vierge d'Ibérie, aux portes toujours ouvertes, où, du matin au soir, va se prosterner tout Moscou. Mais c'est au couvent Voznessensky (de l'Ascension) qu'elles m'apparurent réunies en grand nombre pour l'office du matin. Ce couvent de femmes fondé, sur la place principale du Kremlin, par Eudoxie, veuve du grand-duc Dimitri Donskoï, qui s'y retira en 1389, est un immense tombeau d'impératrices : trente-huit grandes-duchesses et tsarines y dorment leur dernier sommeil.

Nous pénétrons dans l'église enrichie d'une relique fameuse de la vraie croix, un jour de semaine, après la messe que va suivre la communion. Un diacre herculéen, à chevelure crépue, blond doré, les cheveux de Samson, rugit des prières d'une voix de basse profonde. Ce taureau à face humaine est revêtu d'ornements rouges. Il se tient devant l'autel, et derrière lui les religieuses répondent. Pour elles la clôture consiste à tourner le dos au public, à dissimuler ainsi leur visage. On ne voit que l'espèce de hennin enfoncé de manière à cacher les oreilles que recouvre un voile noir aux longs plis tombants. Les novices ont la même coiffure, mais en velours et sans voile. Toutes portent une longue robe de laine noire avec camail à larges manches. Elles chantent, les voix sont pures et délicieuses. Au milieu d'elles, la maîtresse du chœur les dirige. Une des plus jeunes se détache pour quêter. Je vois une figure douce, reposée. Quand les autres défileront, l'office terminé, je leur trouverai à toutes comme un air de famille. L'empreinte d'une vie parfaitement paisible est posée sur ces fronts encadrés de noir. Une expression affectueuse, maternelle, s'y ajoute lorsqu'un vieux prêtre ayant franchi la grille de l'iconostase, une coupe à la main, la multitude des petits enfants est amenée pour recevoir la communion. Les religieuses conduisent ces petits, leur sourient, calment de leur mieux les cris des nourrissons, avec une bonté qui les rend touchantes. Ces pieuses femmes, me dit-on, apportent ici une dot en se retirant du monde ; elles sont libres ; aucune obligation absolue ne pèse sur elles, même pour l'assistance aux offices. Elles prient et mènent une vie de retraite mais ne s'occupent pas des hôpitaux, n'instruisent pas les enfants ; l'école de Bielsk est unique, jusqu'ici. Une grande partie de leur temps se passe à faire de la peinture ou des broderies.

Le soin des malades regarde les excellentes infirmières laïques enrégimentées sous le nom de sœurs de charité. Celles-là portent un bonnet et un tablier blancs, avec l'insigne de la croix rouge sur la poitrine. Comme gardes-malades à domicile, elles reçoivent un salaire, en cas de guerre elles suivent les armées ; les femmes de la meilleure société les accompagnent volontiers alors et prennent le même costume. Dans les hôpitaux, ce sont aussi des infirmières payées qui font le service ; quoique laïques elles montrent un dévouement qu'il serait difficile de surpasser. Tous les voyageurs en Russie ont remarqué que la pitié en ce pays était indépendante de la religion. Autant l'église est détachée de toute philanthropie, disposée à recevoir plutôt qu'à donner, autant l'assistance publique pousse le sentiment de l'humanité jusqu'à l'extrême générosité, jusqu'à l'infinie délicatesse. L'hospice des Enfants trouvés de Moscou par exemple, cet immense bâtiment au bord de la Moskowa, dont on aperçoit, à quelque point de vue qu'on se place, la haute silhouette blanche tranchant sur les couleurs bariolées et les étincelantes dorures du reste de la ville, le grand hospice des Enfants trouvés fondé par Catherine II mérite d'être cité comme modèle à tous les établissements du même genre. La fille-mère est traitée avec autant de ménagements que possible, l'abandon n'étant jamais considéré comme définitif ; elle reçoit un numéro sur la présentation duquel l'enfant lui sera rendu quand elle voudra. La nourrice est surveillée pendant un mois par les dames inspectrices avant d'emmener son nourrisson. L'une des ailes du bâtiment est consacrée aux mères en mal d'enfant. La plus grande discrétion entoure leur passage. Comme pour relever cet établissement et en écarter la honte, une école de jeunes filles nobles, orphelines sans fortune, y est installée. Détail piquant, la subvention annuelle de l'Etat, qui monte à plus d'un million de roubles, provient en très grande partie de la vente de jeux de cartes en Russie, une passion réparant ainsi le mal qu'une autre passion a faite.

J'ai à peine entrevu ce monde que forme à lui tout seul l'hospice des Enfants trouvés, mais j'ai passé de longues heures dans une autre maison qui recèle les manifestations bien curieuses pour nous d'une charité profondément originale, essentiellement russe. Elle fut fondée il y a trente-cinq ans environ par les frères Liapine, deux marchands de Moscou, dans le double dessein de venir en aide aux mères de famille et aux étudiantes nécessiteuses.

La rue Serpowkhovskaïa où se trouve cet établissement est située dans le quartier sud-est, derrière la ville.

Nous arrivons devant une grande porte cochère surmontée d'une image sainte, et nous nous trouvons dans une cour immense où sont dispersés plusieurs bâtiments d'aspect fort triste qui pourraient faire partie d'un couvent ou d'une caserne. La directrice de la maison, a été prévenue de notre arrivée ; elle nous introduit tout de suite dans le corps de logis principal. Des femmes, assez mal vêtues, l'air fatigué y circulent. Ce sont les élèves sages-femmes, les plus pauvres de toutes les étudiantes de Moscou, et les seules que reçoit la maison Liapinsky. Elles occupent sur deux étages, à droite et à gauche d'une longue galerie, des chambres séparées par des cloisons qui ne montent pas jusqu'au faîte, afin de laisser circuler la chaleur du calorifère et de faciliter ainsi le chauffage général. Chacune d'elles est de trois lits, et ces petits dortoirs ne renferment que le strict nécessaire. Les étudiantes travaillent là aux heures où elles ne sont pas à l'hôpital. Un restaurant à 15 copeks les nourrit. Séparé du quartier des étudiantes est celui des mères de famille. Pour obtenir d'y loger, il suffit de cette seule recommandation : être veuve, chargée d'enfants et pauvre. A ces conditions, un logement vous est accordé composé d'une pièce ou de deux, selon le nombre des enfants. Dans la cuisine commune, un four est attribué à chaque groupe de sept personnes. Il faut voir l'interminable rangée de samovars le long du poêle peint en vert. A tour de rôle, l'une des pensionnaires prend soin des fourneaux ; une autre veille à la tranquillité des étages où de nombreux enfants, dressés à obéir au règlement, jouent sans bruit dans le large corridor. Sur ce corridor ouvrent les logements des veuves, elles peuvent y apporter ce qu'elles possèdent de meubles. Pour les achats de comestibles, tout est simplifié, un grand marché se tenant dans la cour, avec abondance de victuailles à bas prix. Le linge de lit est fourni aux pensionnaires ; les blanchisseries, les salles de bains, sont à leur disposition. Chacune des veuves exerce un état, couturière, modiste, brodeuse, etc. Quand elles n'ont pas de travail, on leur en procure. Les garçons restent jusqu'à douze ans à la maison Liapinsky. Ils peuvent fréquenter une excellente école. A douze ans aussi, les petites filles sachant lire, écrire et compter commencent l'apprentissage, chacune d'elles selon son goût. Nous visitons l'atelier des repasseuses, celui des couturières, etc. On nous montre des broderies magnifiques faites par les jeunes filles de la maison. Beaucoup de dames commandent des objets de lingerie et de toilette qu'elles viennent essayer dans des salons arrangés à cet effet, car la maison Liapinsky, dans son extrême simplicité, présente cependant quelques détails d'un luxe relatif ; la jolie salle, par exemple, où le thé est servi dans des tasses dorées, et où se trouvent des friandises à vendre, des journaux, un piano. Un autre piano mécanique fait danser la jeunesse les jours de fête dans la grande salle des machines à coudre reléguées ailleurs pour la circonstance. Mille personnes dont 150 étudiantes, 200 mères et 600 enfants habitent cet asile dont le but est de maintenir dans la famille les liens si souvent relâchés par la misère, de laisser aux mères le droit de veiller sur leurs enfants et d'assurer une protection aux filles qui travaillent. On peut même amener une grand'mère infirme ; le programme est large. Personne n'a de compte à rendre sur ses croyances religieuses, mais tout le monde, ou il s'en faut de peu, fréquente volontairement la jolie église située au milieu de la cour. Les filles d'un côté, les garçons de l'autre, y chantent en chœur.

L'hôpital et la pharmacie occupent un corps de logis séparé. Nous ne voyons qu'un seul patient, soigné par une infirmière en tablier blanc, jusqu'au menton, qui nous dit que chaque année 6 000 malades environ se présentent au dispensaire. Dans la cour passent quelques vraies demoiselles, très jeunes, presque élégantes, qui rentrent un carton ou bien un livre sous le bras. Ce sont des filles de veuves ayant achevé leurs classes au gymnase et qui donnent des leçons en attendant une place d'institutrice primaire. Quelques-unes ont grandi dans la maison, y sont restées quinze ou seize ans, ne se rappellent pas avoir jamais eu d'autre foyer. Si triste que nous paraisse cette collectivité, on ne manque ici de rien d'essentiel. Les étudiantes trouvent en rentrant de l'hôpital, où un tramway les transporte à demi-place, une tasse de café, de l'eau chaude. Quant au règlement, il n'a rien de très sévère : il suffit d'être rentrée à onze heures du soir et de ne jamais recevoir aucune visite d'homme. Les hommes de la famille eux-mêmes ne sont admis qu'au parloir dans le pavillon de la directrice.

Celle-ci, qui a été préparée à sa tâche par les fondateurs, se conforme autant que possible à leurs intentions et entretient pieusement leur souvenir. Elle nous dit qu'un des Liapine venait très souvent dans la maison, qu'il s'y plaisait, s'intéressait à tout. Son frère donnait moins de son temps, mais était prodigue d'argent. Leur sœur inspectait les moindres détails. Les portraits de ces trois bienfaiteurs sont un peu partout dans la maison : des figures de bonté, grasses, épanouies, humaines. Et ils ont créé de bons sentiments autour d'eux. Il paraît que l'union entre les mères de famille est touchante, qu'elles s'entr'aident, gardent les enfants les unes des autres.

Une maison Liapinsky pour hommes existe dans un autre quartier plus central, elle est ouverte aux étudiants pauvres. Un de ses hôtes, un jeune acteur, m'en dit beaucoup de mal, se plaint de la nourriture, du manque d'ordre, de soin et de propreté.

Je ne doute pas qu'il n'ait raison, le service étant fait uniquement par des hommes, sans l'intervention d'aucune ménagère, mais ce refuge rend encore des services, néanmoins ; il diminue l'armée des bohèmes et des vagabonds. Les Liapine ont créé aussi un asile de nuit. Evidemment leur âme pitoyable était préoccupée de la misère à tous les degrés et des moyens d'y porter remède.

Si active que soit la charité publique en Russie, la charité privée la complète utilement. Ainsi les hôpitaux et les dispensaires sont certes nombreux à Pétersbourg et cependant, on aurait peine à se passer aujourd'hui de la polyclinique fondée depuis trois ans par une femme du monde, la baronne de Thal. Cette œuvre de secours médical commença modestement sur les terres de la baronne, avec l'aide d'un médecin éclairé autant que dévoué, le docteur Hebstein. En soignant ses paysans, Mme de Thal vit que le point important, lorsqu'il s'agit de guérir, est de prendre à temps la maladie. Cette conviction lui fit ouvrir dans un quartier central de Pétersbourg, rue Rojdestvenkaïa, la maison où un matin elle m'a conduite. Plus de cinquante médecins y travaillent, sans rémunération, au soulagement des pauvres ; de dix heures du matin à cinq heures du soir, ils se succèdent dans le cabinet de consultation, donnant aux malades toute l'attention nécessaire. Pour cela, ils n'en reçoivent par heure que de deux à quatre nouveaux et de quatre à six pour les visites suivantes. Malgré cette règle, 2 486 malades donnant un total de 4 514 visites ont été inscrits dès la première année. Une dame médecin préposée à l'établissement les interroge d'abord et les classe en cinq catégories. Puis elle les introduit auprès des spécialistes dont ils ont besoin. Lorsque nous arrivons, de bonne heure pourtant, une douzaine au moins d'hommes, de femmes et d'enfants sont assis déjà dans la salle d'attente. Les remèdes sont fournis gratuitement et la société de bienfaisance, dont Mme de Thal est présidente, a soin qu'une bonne nourriture les accompagne ; elle veille autant que possible à la salubrité des logements et, en général, à l'organisation d'un milieu plus hygiénique, tout cela autant, bien entendu, que le lui permettent ses ressources fournies par les versements réguliers, les droits éventuels, le produit des fêtes et des ventes. Les collaborateurs, au nombre de mille environ, représentent la haute société et les professions libérales ; il y a aussi de riches marchands. Mme de Thal m'introduit dans le cabinet organisé pour les maladies des yeux et de la gorge, où l'on amène tous les jours tant de pauvres enfants ; à côté, le cabinet dentaire ; deux bonnes chambres pour recevoir les femmes opérées. « L'œuvre a commencé avec de très faibles ressources, » me dit la femme vraiment admirable qui a fait prospérer cette œuvre par son zèle au milieu des devoirs multiples de la famille et du monde. Artiste autant que philanthrope, elle prouve, en ne négligeant rien, la vérité de ce mot d'une doctoresse, écrivain et musicienne par surcroît, Mme Sachalsky : « On trouve toujours, si l'on veut, un moment pour tout dans cette petite vie qu'est une journée… Mais combien peu savent vouloir ! Ici, c'est l'application quotidienne à une pensée d'humanité qui entre peu à peu dans la vie mondaine et la transforme, en fait une vie religieuse, puisque l'amour du prochain déshérité y prend place.

Le même sentiment me paraît avoir inspiré la fondation d'une société féminine coopérative de bienfaisance dont le but est de procurer aux femmes pauvres des logements peu coûteux, de l'ouvrage à domicile, des secours en cas de maladie et les moyens d'attendre une place. A la tête se trouve un Conseil de dix dames et d'une présidente chargées de juger des besoins de chacune des solliciteuses et de contrôler l'emploi des fonds. L'installation de ce cercle charitable m'a rappelé, dans des proportions modestes, les clubs d'Amérique. Il existe, d'ailleurs, deux clubs de femmes proprement dits à Saint-Pétersbourg, mais je ne les crois pas bien prospères, la division des sexes n'est pas plus en faveur dans la société russe que chez nous.

Je rencontre dans le salon de la princesse H..., à Saint-Pétersbourg, un charmant romancier qui est de ses amies, Mme Lydie Vesselitzky, celle qui signe Mikoulitch de fines études psychologiques, où l'on admire l'analyse pénétrante des caractères féminins et l'humour délicat du dialogue : *Mimotchka*, entre autres. Je cherche à savoir d'elle quel rang tiennent aujourd'hui les femmes dans la littérature russe :

— Beaucoup de talents, me répond-elle, mais aucun n'atteint très haut. La Russie n'a encore donné de rivale ni à George Sand, ni à George Eliot. Nous n'avons que des femmes de lettres de second rang : il est vrai qu'à ce rang, elles surpassent souvent les hommes de même catégorie. En tout cas, elles n'ont pas à se plaindre de leur sort : appréciées dans le monde, encouragées par le succès, et bien payées par les éditeurs.

Aucun préjugé n'existe contre elles, en effet. Et pourquoi en existerait-il ? Catherine la Grande leur a donné l'exemple. Cette amie de Voltaire et de Diderot n'excella que dans un art, celui de régner ; mais comme écrivain, elle aborda bravement tous les genres, contes, satires, comédies, opéras-comiques, drames historiques, en même temps qu'elle rédigeait des instructions pour le nouveau code. Ses critiques mordantes l'auraient fait certainement, si elle n'eût été impératrice, exiler en Sibérie.

La seconde femme de lettres russe fut la fameuse princesse Dachkoff, l'auteur des *Mémoires*, présidente de l'Académie des sciences, directrice de plusieurs journaux, créatrice des premiers cours publics. Aucune femme n'a joué un rôle aussi important dans la culture générale de son pays. Après elle, les poètes et les romanciers de son sexe furent de qualité médiocre, jusqu'à la seconde moitié du XIXe siècle. La comtesse Eudoxie Rostopchine, la comtesse Salias de Tournemire n'eurent guère que des grâces sentimentales et des prétentions pseudo-classiques. Les années

1850-1860 marquent une date mémorable dans la vie du pays, et l'œuvre de Marco Vastchok y correspond. C'est le pseudonyme de Marie Markovitch, la première dont les romans aient eu pour sujet le peuple. On y sent une idéalisation excessive du paysan, défaut qui fut celui de toute une catégorie d'écrivains en cette période de l'émancipation des serfs. Valentine Dmitrieff y échappa. Née elle-même dans une famille de paysans du gouvernement de Saratov, elle peint ce qu'elle voit ; c'est jusqu'ici la plus éminente, à beaucoup près, des romancières russes. De bonne heure, elle eut la passion des livres et se prépara elle-même à l'examen du gymnase. D'abord maîtresse d'école dans un village, elle dut quitter cet emploi à cause des tendances politiques qui lui étaient reprochées. Elle exerça ensuite la médecine. On l'exila pour les mêmes causes qui firent persécuter la plupart des écrivains de l'autre sexe dans un pays où il en coûte d'avoir des idées et d'oser les exprimer. — Valentine Dmitrieff n'alla pas en Sibérie comme Korolenko et tant d'autres ; elle passa quatre années d'exil à Tver, en vertu de ce système difficile à comprendre, qui sème les révoltés dans telle ou telle ville de province, que leur présence agite sans que le déplacement, le changement de milieu puisse être d'ailleurs une punition bien efficace. A Tver, tout en continuant à pratiquer la médecine, Valentine Dmitrieff collaborait aux revues, aux journaux. Il reste d'elle une étude très poussée, très approfondie de la situation actuelle du village en Grande-Russie. Parmi ses types intellectuels sont surtout mis en relief les radicaux de 60-70. En général, elle juge avec impartialité les écarts et les exagérations de l'esprit russe.

Le roman social, né en 1870, fut remplacé dix ans après par le roman psychologique où se distingua l'écrivain qui signe Krestovsky ; ses peintures de la vie de province, ont une véritable valeur.

Aujourd'hui le mouvement littéraire est franchement réaliste, il y a peu de place pour la sentimentalité, on juge que tout a été dit sur les amours mondaines, l'adultère, les mœurs raffinées ; on passe des portraits de gens du monde à ceux des classes moins favorisées, paysans et prolétaires. Dans la critique et le journalisme s'est signalé un certain Nikolaïeff, qui n'est autre que Marie

Tsebrikoff, directrice de la Revue : *Éducation et Instruction*, où les droits de la femme à l'émancipation intellectuelle sont défendus avec ardeur. Nommons encore parmi les poètes, Anne Barikoff, interprète des souffrances des humbles, traductrice des principaux poètes français, anglais et allemands, et parmi les romanciers, Sophie Smirnoff, l'auteur du *Petit feu*. Originale, sinon supérieure en ses productions, est Rachel Chine, qui proteste contre la futilité de la vie mondaine et affiche des sympathies hardies pour le prolétariat ; elle met aussi en avant le type de l'Israélite intellectuel, pionnier du réveil des idées dans les masses juives. Et, dépassant de beaucoup un groupe nombreux de féministes, Tatiana Chtchepkine-Koupernik, de Moscou, demande éloquemment le renouvellement de la bourgeoisie par la fusion avec les classes ouvrières.

Elle a traduit nos poètes, Victor Hugo, Richepin, Rostand. Ce fut un petit prodige. A douze ans, elle débuta par une poésie dédiée au fameux acteur Chtchepkine son grand-père, et à dix-huit ans fit jouer sa première pièce, *Tableau d'été*.

On voit que depuis trente ans les femmes russes se sont fait une place honorable dans les lettres ; elles en ont une plus haute encore dans les sciences. Quel autre pays peut se vanter de posséder une mathématicienne au-dessus de Sophie Kovalevsky ? Nous nous rappelons l'accueil qui lui fut fait à Paris lorsqu'elle y remporta en 1888 un triomphe sans précédents, l'Académie des sciences lui ayant décerné le prix Bordin dont le sujet de concours avait été proposé six ans de suite sans succès par l'Académie de Berlin : perfectionner en un point important la théorie du mouvement d'un corps solide.

Parmi les femmes peintres, assez nombreuses à en juger par la liste de leur *Union* fondée à Saint-Pétersbourg, nous avons connu et apprécié Marie Bachkirtseff.

L'activité des dames russes dans les œuvres de bienfaisance peut rivaliser avec celle des Américaines, et l'association, le meilleur moyen de succès à notre époque, leur est facile et naturelle. Il existe plusieurs associations qui n'ont besoin que de se rassembler pour devenir une force. La principale, celle qui réunit dans son sein les présidentes de plusieurs autres sociétés, l'Association de secours mutuels, a si bien réussi que le nombre de ses membres dans les trois premières années a dépassé 2000. A la tête se trouve Mme Anna de Filosofov qui fut déléguée au Congrès international des femmes tenu à Londres en 1899. On espère en voir sortir un futur conseil national qui figurera au prochain Congrès. Alors seront énumérées en détail dans d'intéressants rapports et posées selon leur mérite les œuvres et les personnalités dont je n'ai pu donner ici qu'un aperçu très incomplet.